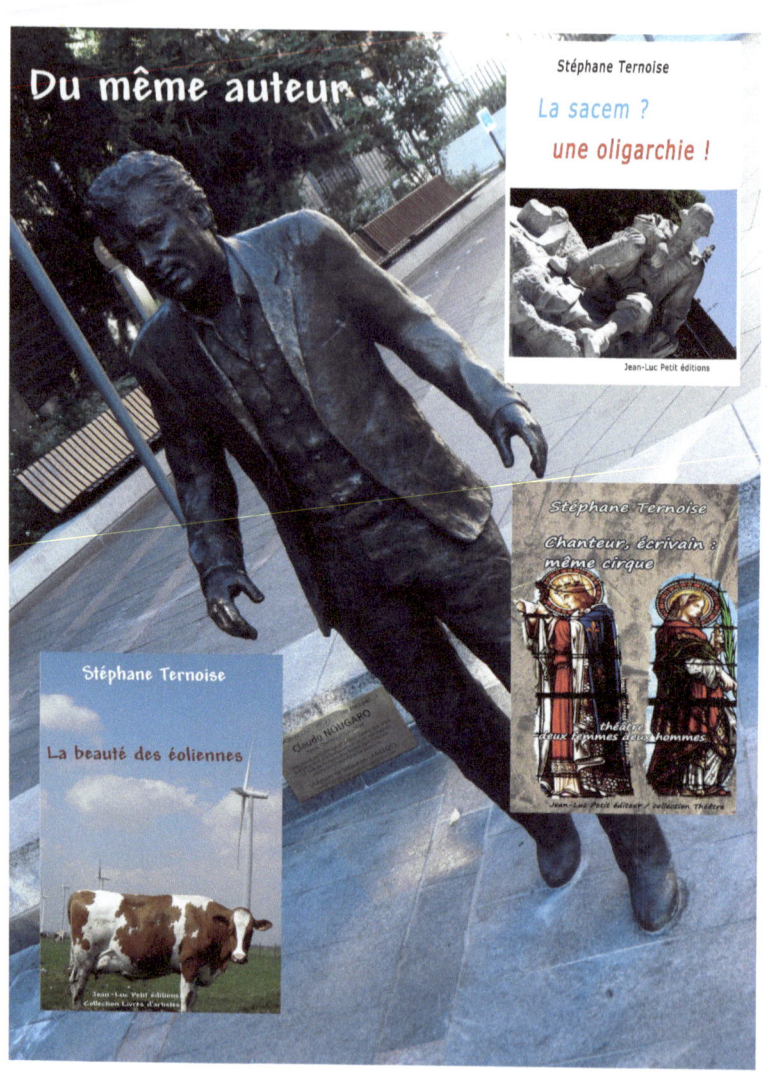

Interdire les voitures ?
Le syndicat des animaux l'exige

(Photos d'art trash versant animaux)

Du même auteur*

Romans

Le Roman de la Révolution Numérique
La Faute à Souchon ?
Quand les familles sans toit sont entrées dans les maisons fermées
Liberté j'ignorais tant de Toi
Viré, viré, viré, même viré du Rmi !
Ils ne sont pas intervenus

Théâtre

Neuf femmes et la star
Les secrets de maître Pierre, notaire de campagne
Ça magouille aux assurances
Chanteur, écrivain : même cirque
Deux sœurs et un contrôle fiscal
Amour, sud et chansons
Pourquoi est-il venu ?
Aventures d'écrivains régionaux
Avant les élections présidentielles
Scènes de campagne, scènes du Quercy
Blaise Pascal serait webmaster
Trois femmes et un Amour
J'avais 25 ans
« Révélations » sur « les apparitions d'Astaffort » Brel / Cabrel

Théâtre pour troupes d'enfants

La fille aux 200 doudous
Les filles en profitent
Révélations sur la disparition du père Noël
Mertilou prépare l'été

* extrait du catalogue, voir www.ternoise.net

Stéphane Ternoise

Interdire les voitures ?
Le syndicat des animaux l'exige

(Photos d'art trash versant animaux)

Sortie au format numérique : 4 juin 2013

Jean-Luc PETIT Editeur - Livres d'artistes

Stéphane Ternoise versant lotois :

http://www.lotois.fr

Tout simplement et logiquement !

Tous droits de traduction, de reproduction, d'utilisation, d'interprétation et d'adaptation réservés pour tous pays, pour toutes planètes, pour tous univers.

Site officiel : http://www.ecrivain.pro

© Jean-Luc PETIT - BP 17 - 46800 Montcuq – France

Stéphane Ternoise

Interdire les voitures ? Le syndicat des animaux l'exige

(Photos d'art trash versant animaux)

C'est une période difficile, pour un écrivain, la sortie d'un roman... Le sixième, "*Un Amour béton*", fut publié le 22 mai 2013 http://www.romancier.org. Décompression, (léger) spleen mais également tentative de promotion dans un univers verrouillé par les industriels du livre... Peut-être le bon moment pour finaliser "de vieux projets", des livres d'artiste http://www.artlowcost.fr ? J'en ai causé avec mes ami(e)s syndicalistes...

Chaque année, les routes réduisent la population humaine mondiale de plus d'un million. http://www.morts.info

L'Organisation mondiale de la santé (OMS) répond à ce fléau en demandant « *une volonté politique au plus haut niveau pour garantir une législation sur la sécurité routière adaptée et respectée par tous.* »

Les chiffres peuvent sembler "sur la bonne voie" : cette mortalité s'est stabilisée depuis 2007, quand le nombre de voitures a progressé sur notre planète.
Mieux vaut rouler en Europe dans une grosse cylindrée récente... Plus d'un quart des tués sont des piétons ou des cyclistes...

En France, les chiffres témoignent d'une réelle efficacité des mesures imposées depuis deux décennies, que ce soit au niveau des infrastructures, de l'alcoolémie ou de la vitesse : passage en 2010 sous la barre des 4000 morts sur les routes chaque année contre plus de 10 000 jusqu'en 1990.

Mais il existe une réalité occultée par les automobilistes : les victimes collatérales de ce plaisir humain.

Les corbeaux s'en délectent parfois, des lapins ou des hérissons ; un enfant pleure son chat ; une biche peut être récupérée ; le renard ne sera pas regretté ; les couleuvres on les préfère mortes... Des blaireaux succombent... Les écureuils sont difficiles à photographier autrement...

Pourquoi eux ? Car ils se situaient au mauvais endroit au mauvais moment.
Cette conclusion s'utilise parfois également pour les humains. La mort s'attrape partout... Mais la voiture est un choix de société, amplement subventionnée, au détriment du train par exemple.

Vu par les humains, ce dossier est "scandaleux" ! Comment osez-vous montrer cela ! La réalité doit se cacher !

Le syndicat des animaux exige l'interdiction des voitures.
Ces photos sont "parfois difficilement supportables." Je sais. Aucune mise en scène. Juste la réalité. Publiable, impubliable ?
http://www.publiable.com

L'art c'est également de regarder en face la réalité, trouver le bon angle, même si des automobilistes témoignent parfois de leur surprise... 25 photos.

Stéphane Ternoise

Cette photo est-elle publiable ?

Je pose la question sur http://www.publiable.com
Poser la question ainsi, c'est y répondre. Mais il s'agit également d'ouvrir un débat, non seulement sur "les routes" mais l'édition. Avant, ces photos étaient impubliables.

Mon statut d'éditeur indépendant distribué me permet de faire passer une photo choc du statut de l'impubliable au publiable.

Aurai-je la surprise de susciter de l'indignation chez les journalistes aveugles à la sortie de mes romans ?

Je n'ai brisé aucune de ces vies et utilisant modérément ma voiture, environ 10 000 kilomètres par an, principalement dans le Lot, ce document me permet d'imaginer un nombre effrayant de victimes chaque jour... Il ne semble exister aucune donnée chiffrée sur cette hécatombe. J'ai accepté un titre de président d'honneur du syndicat des animaux...

Photos

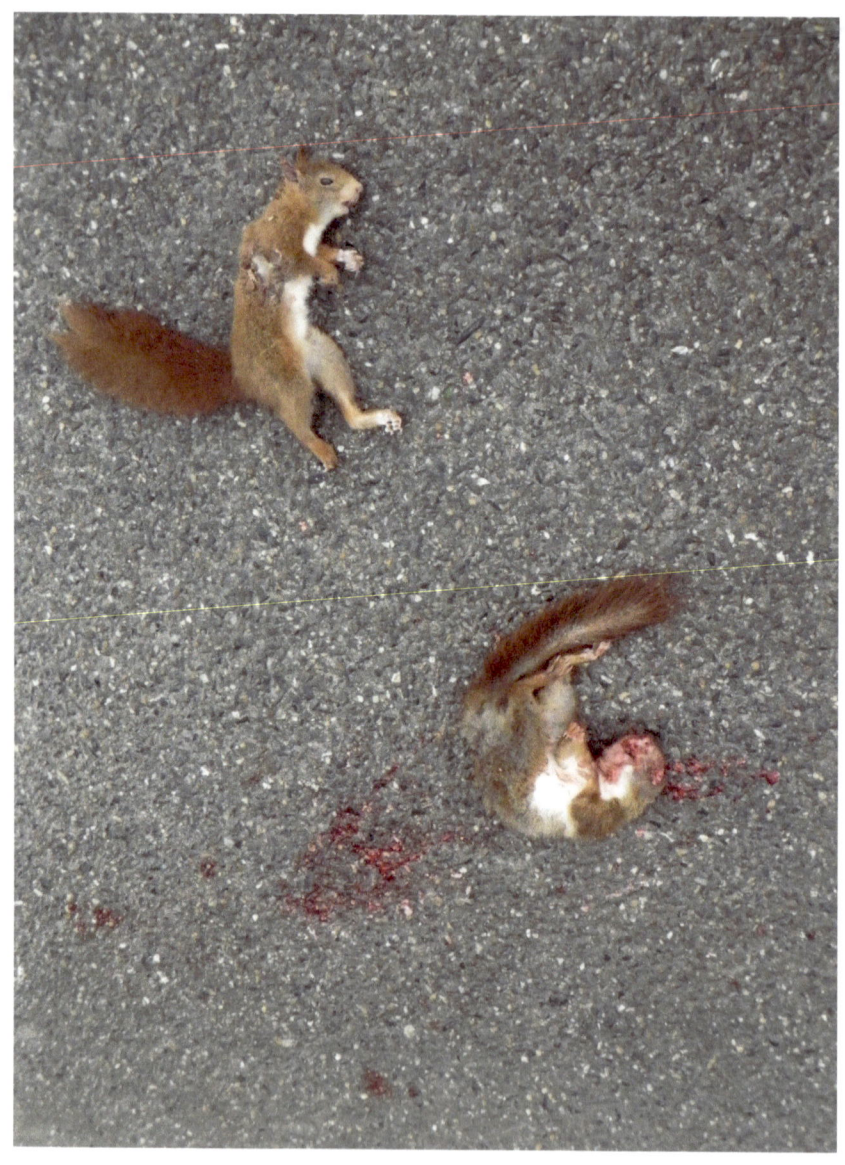

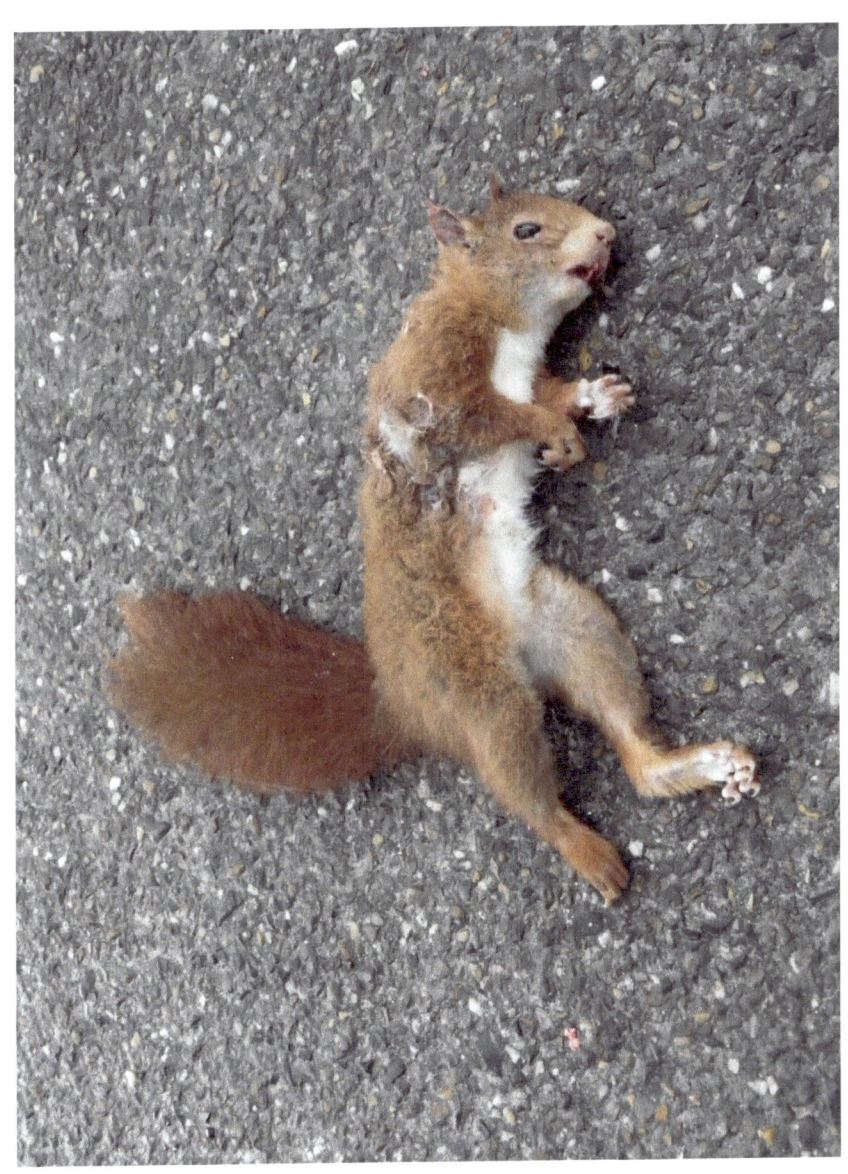

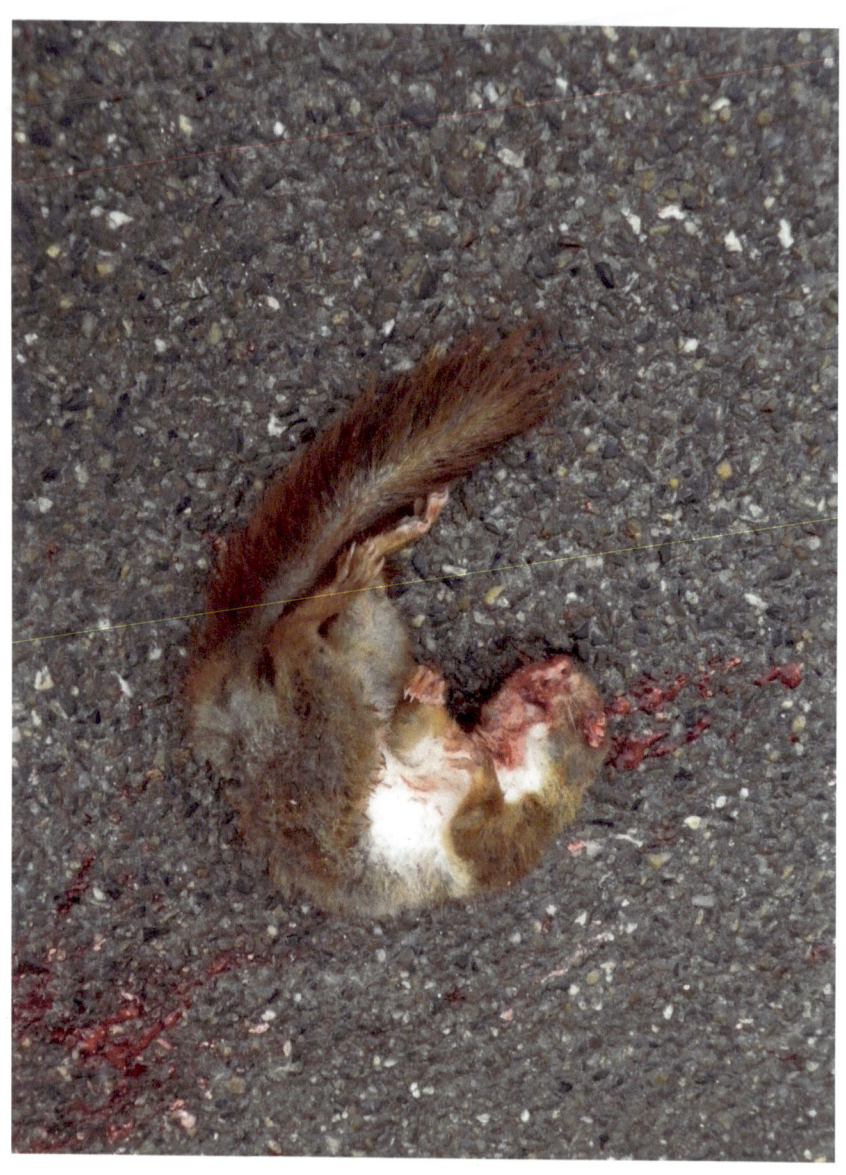

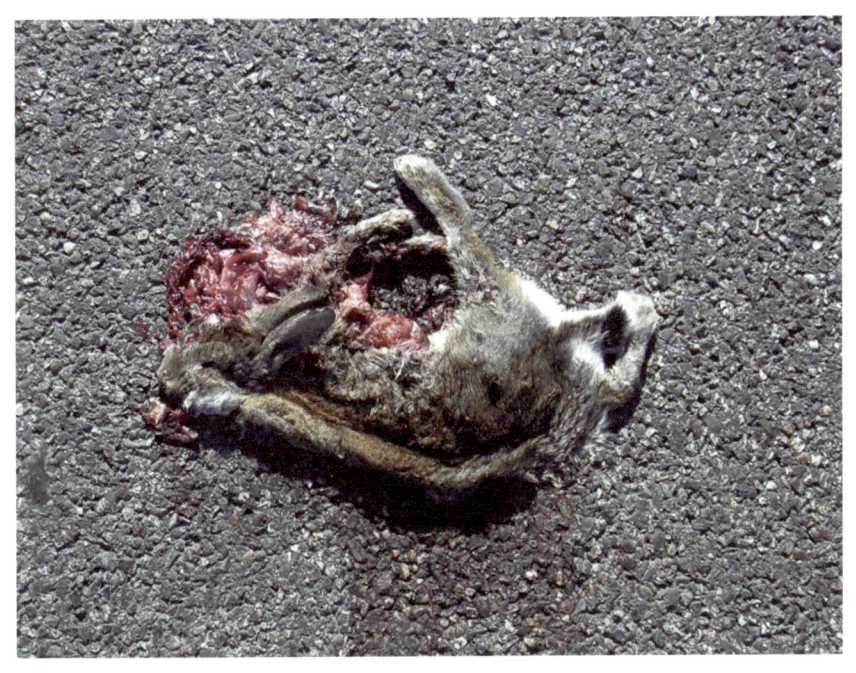

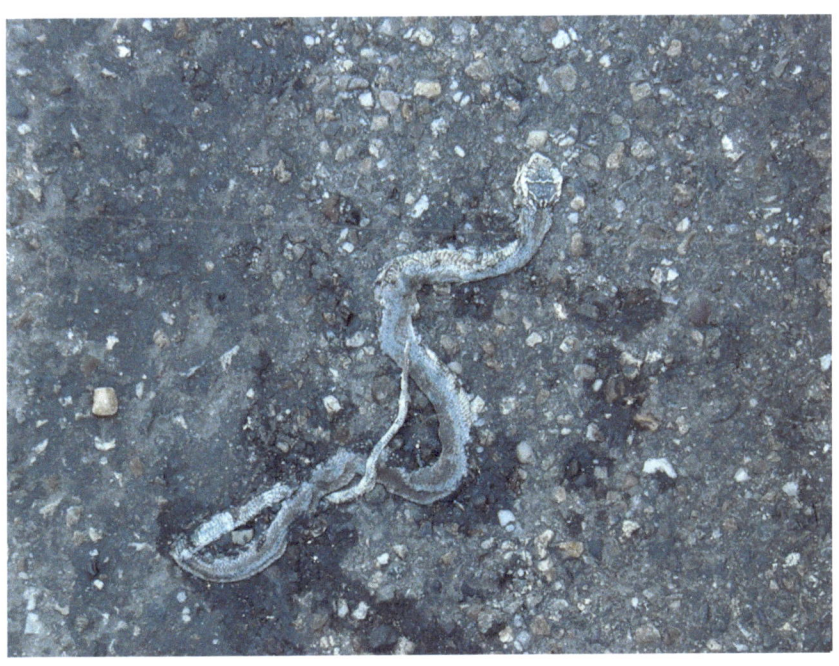

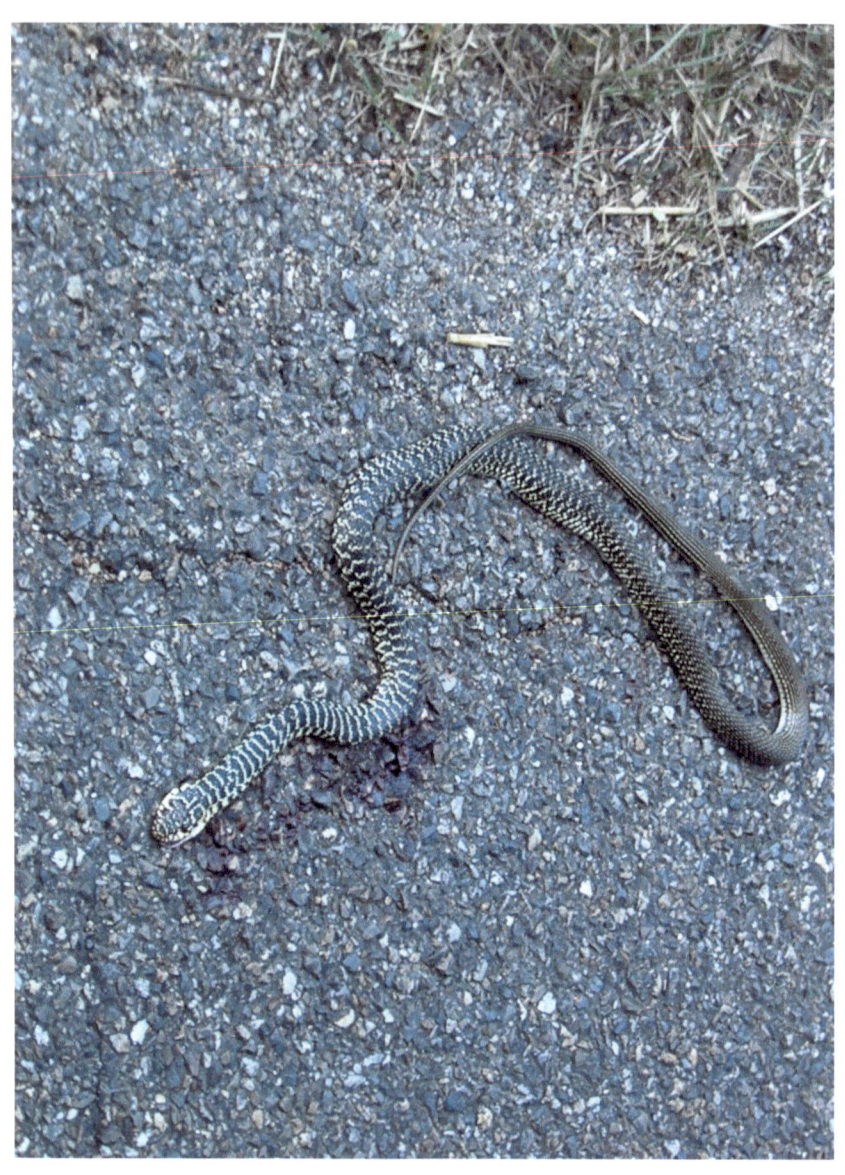

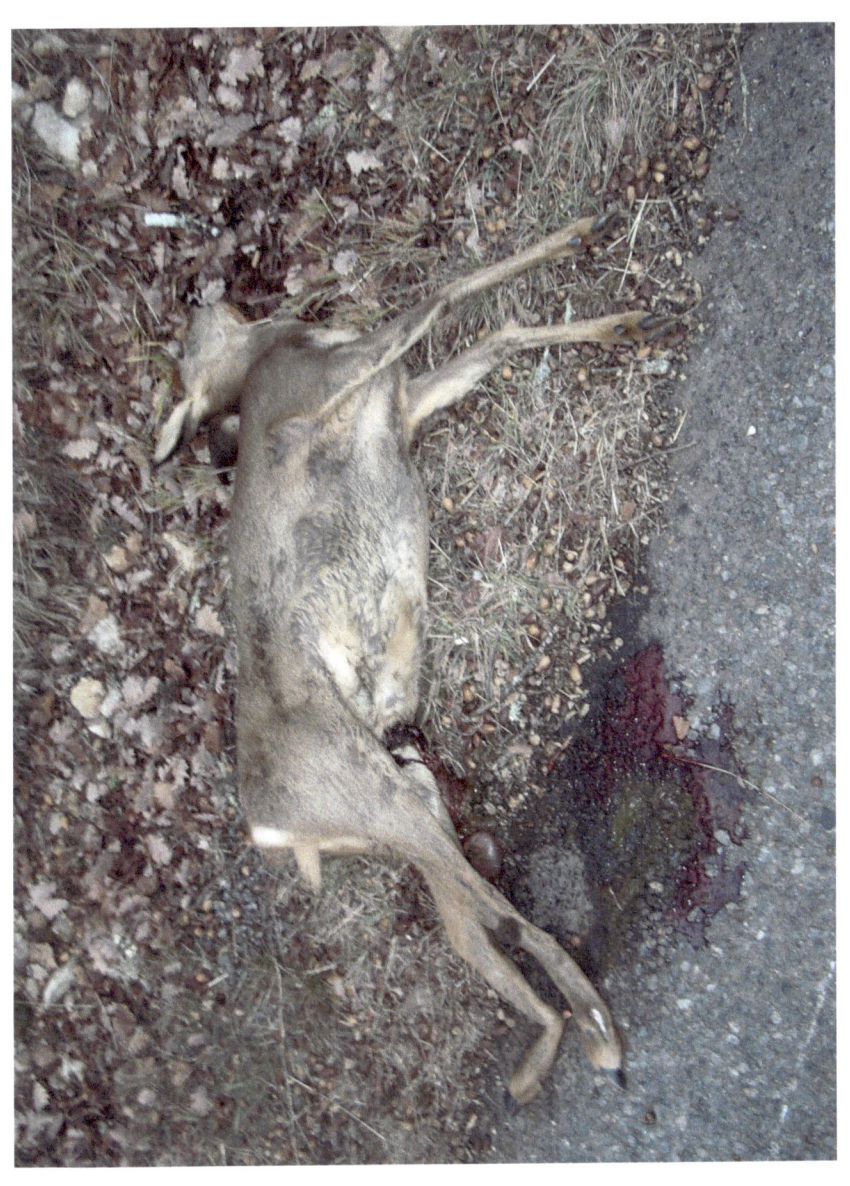

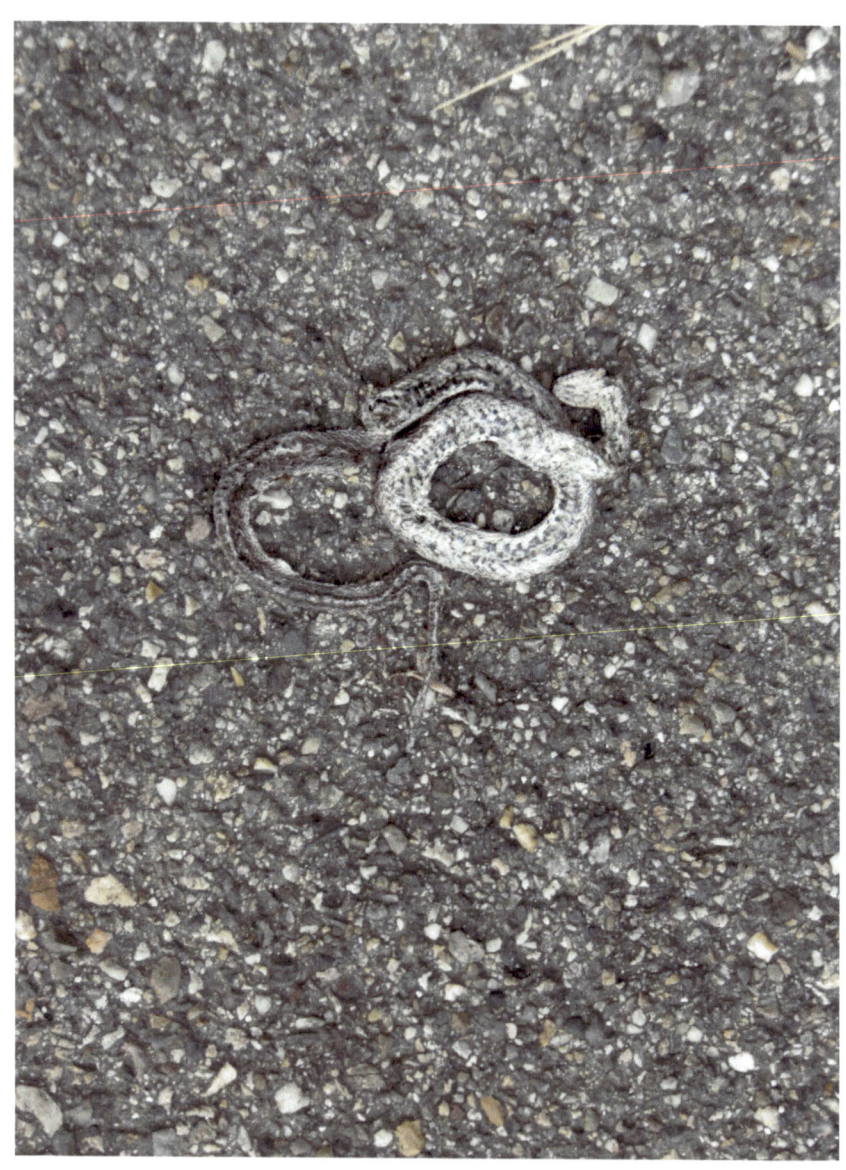

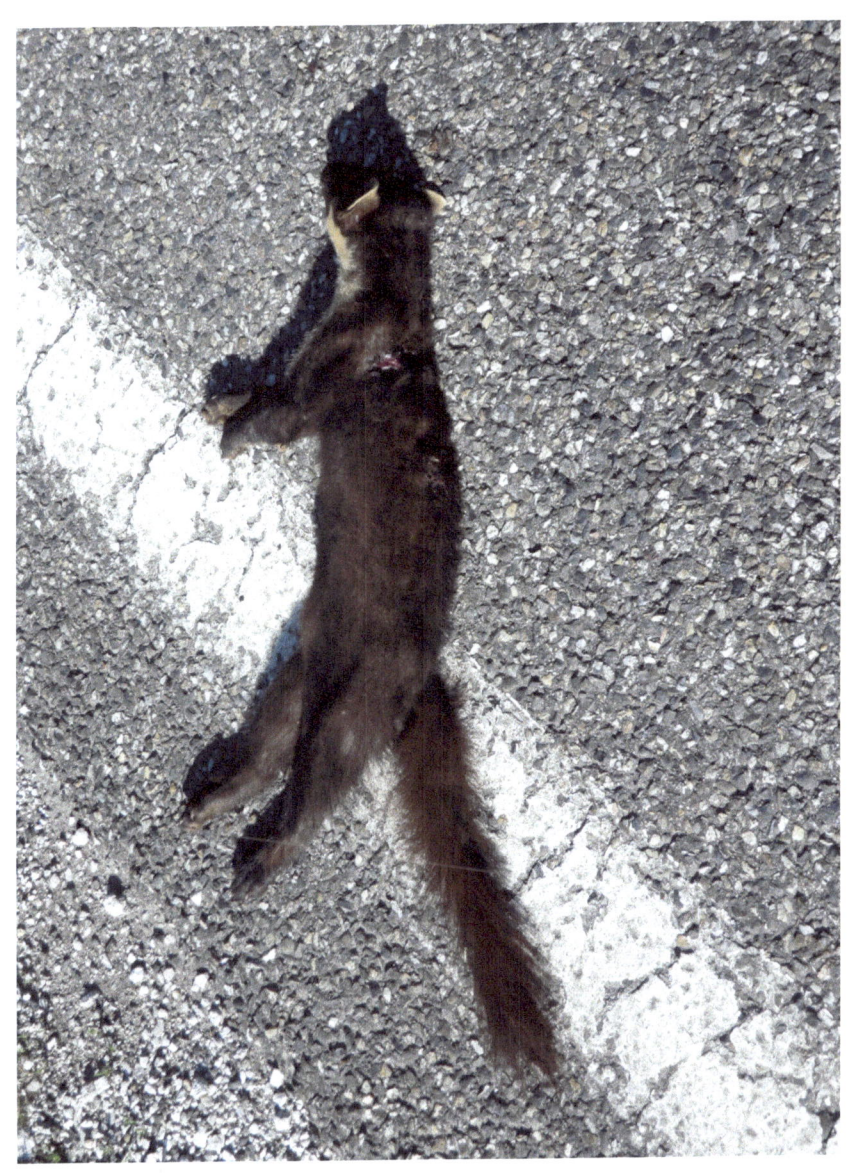

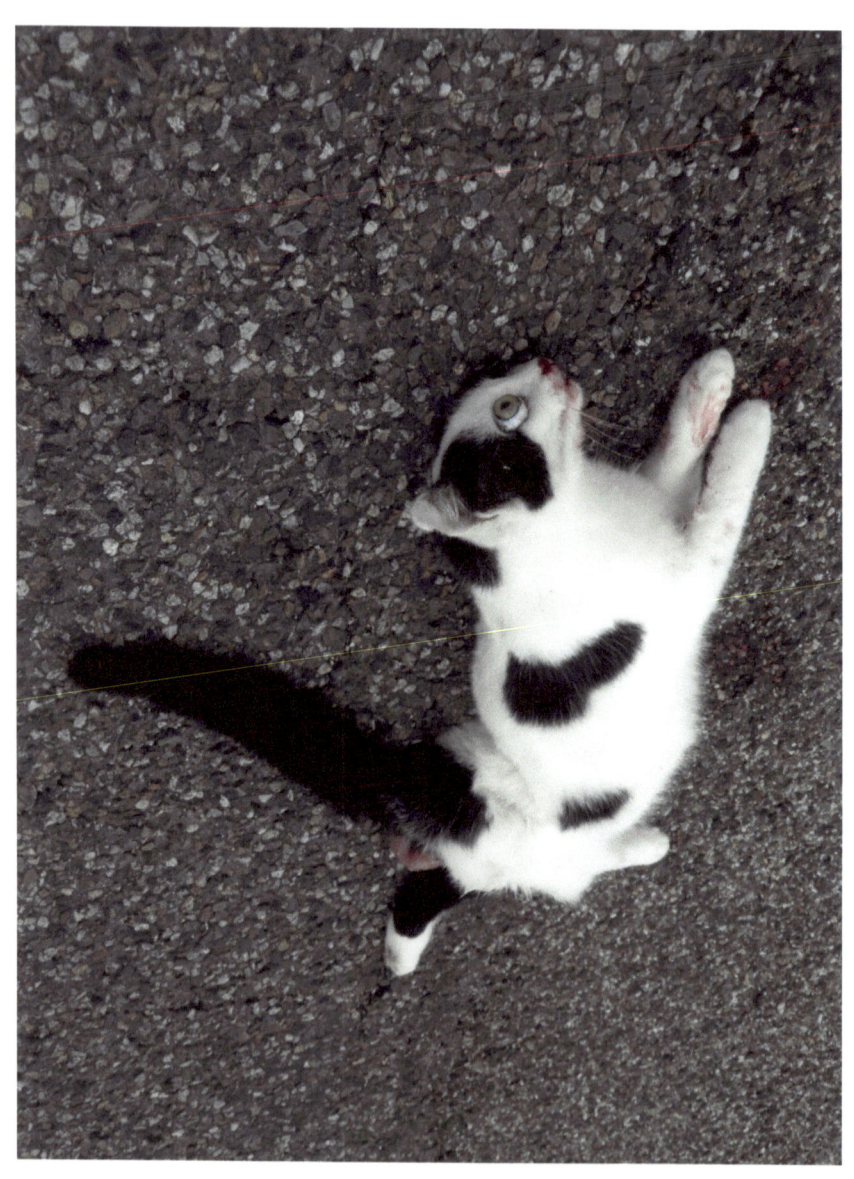

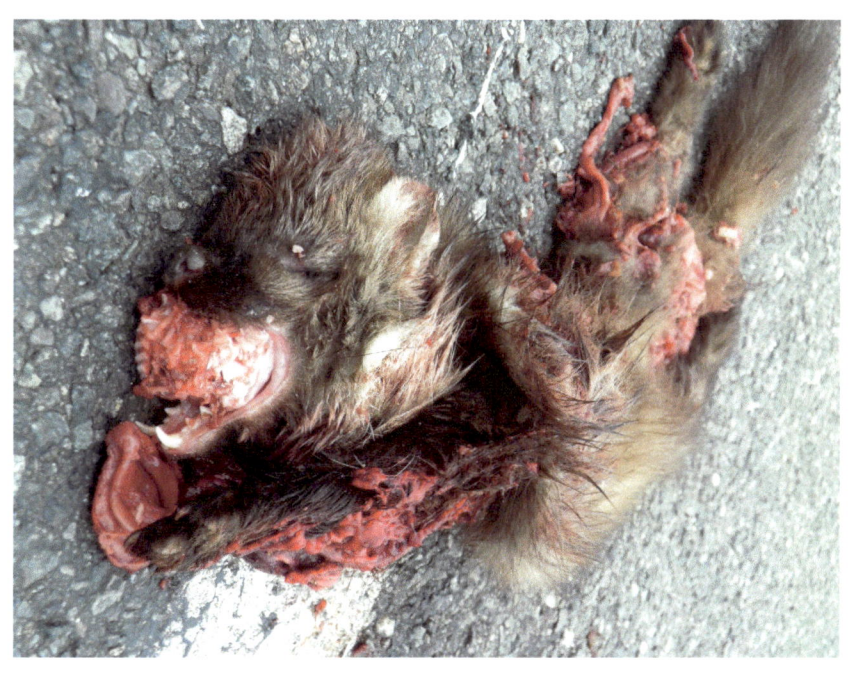

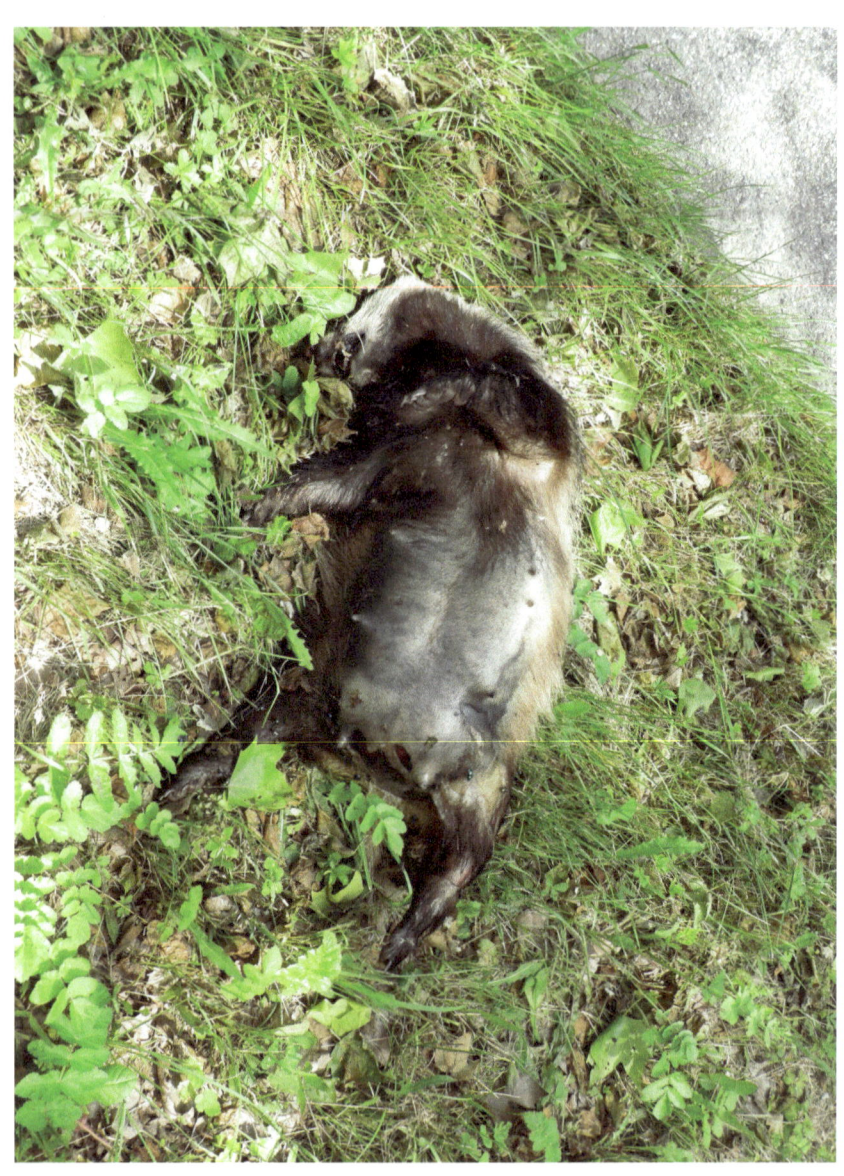

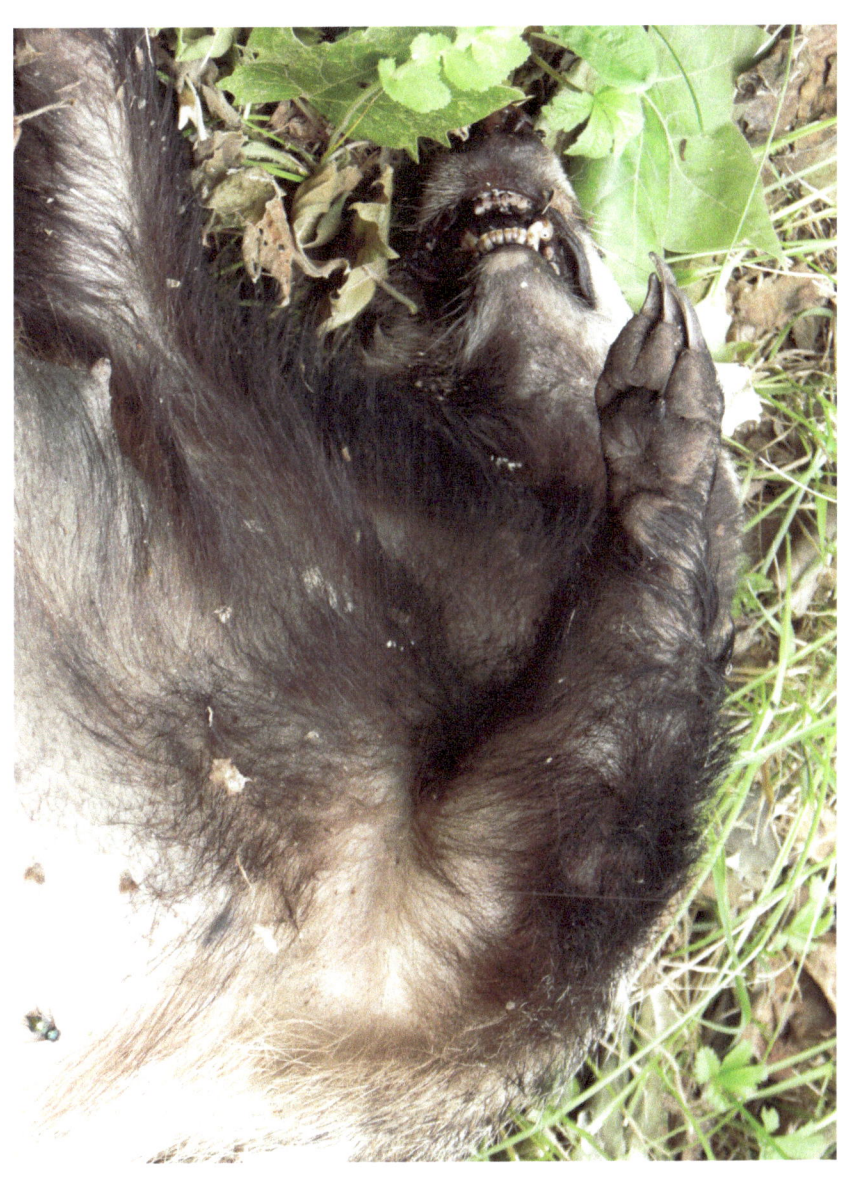

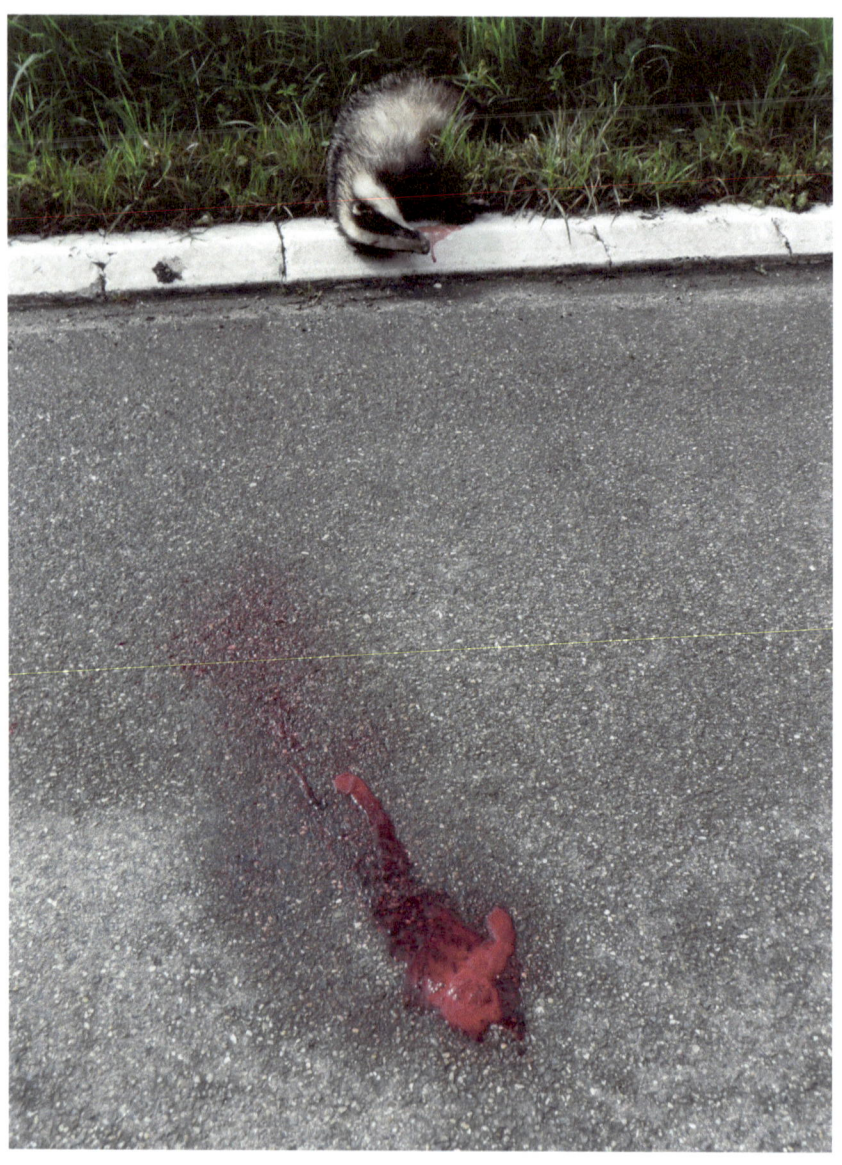

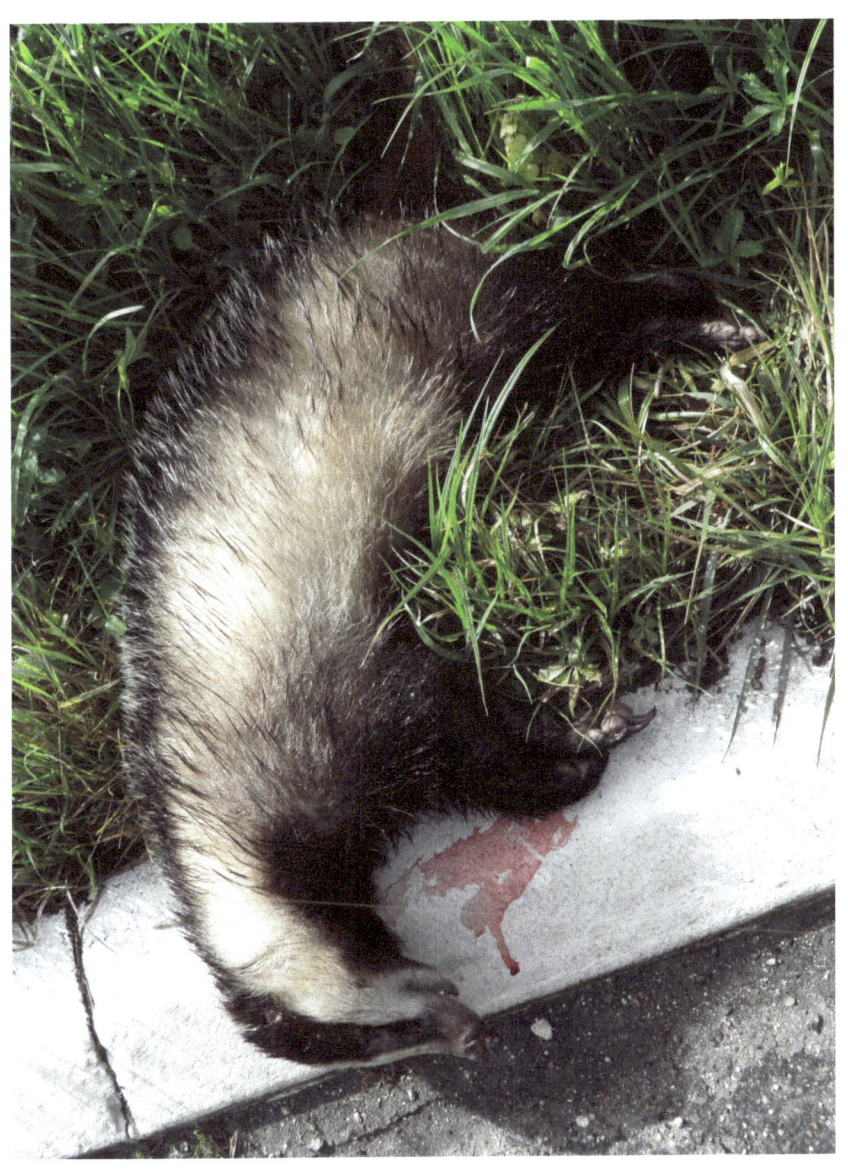

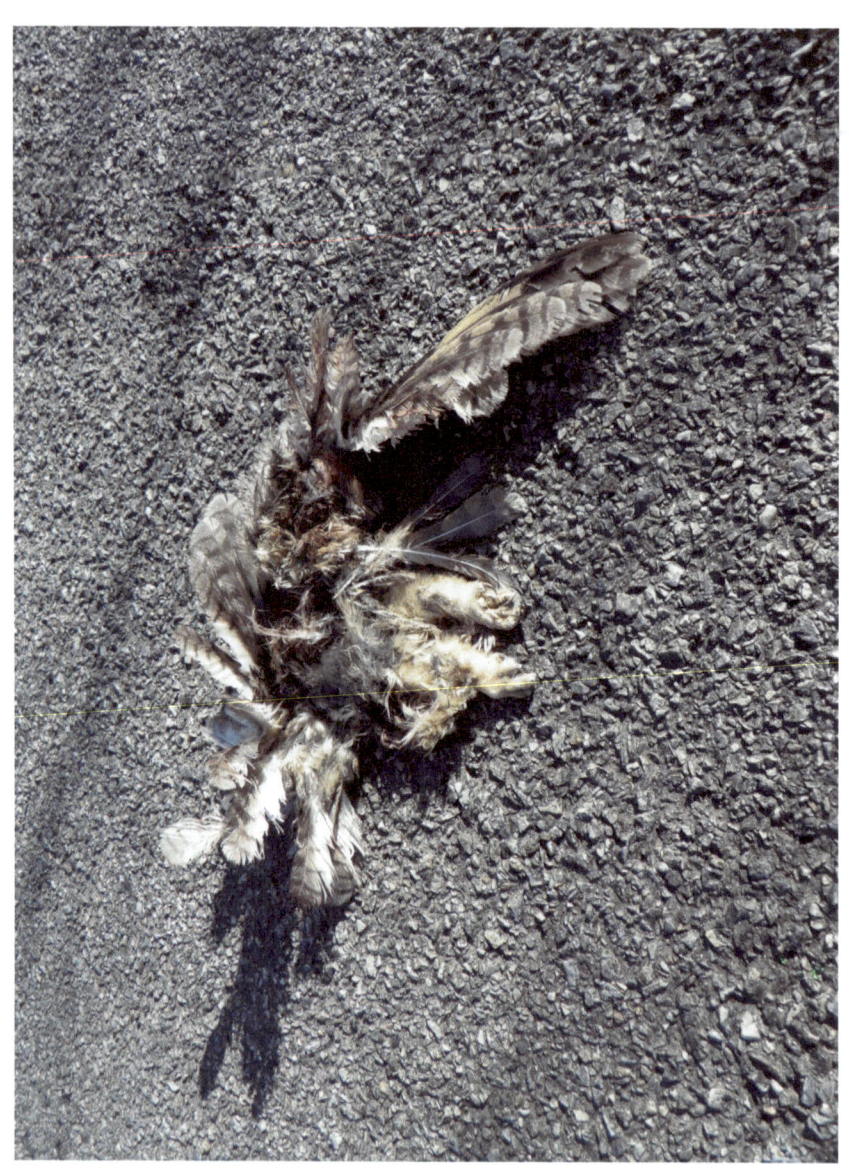

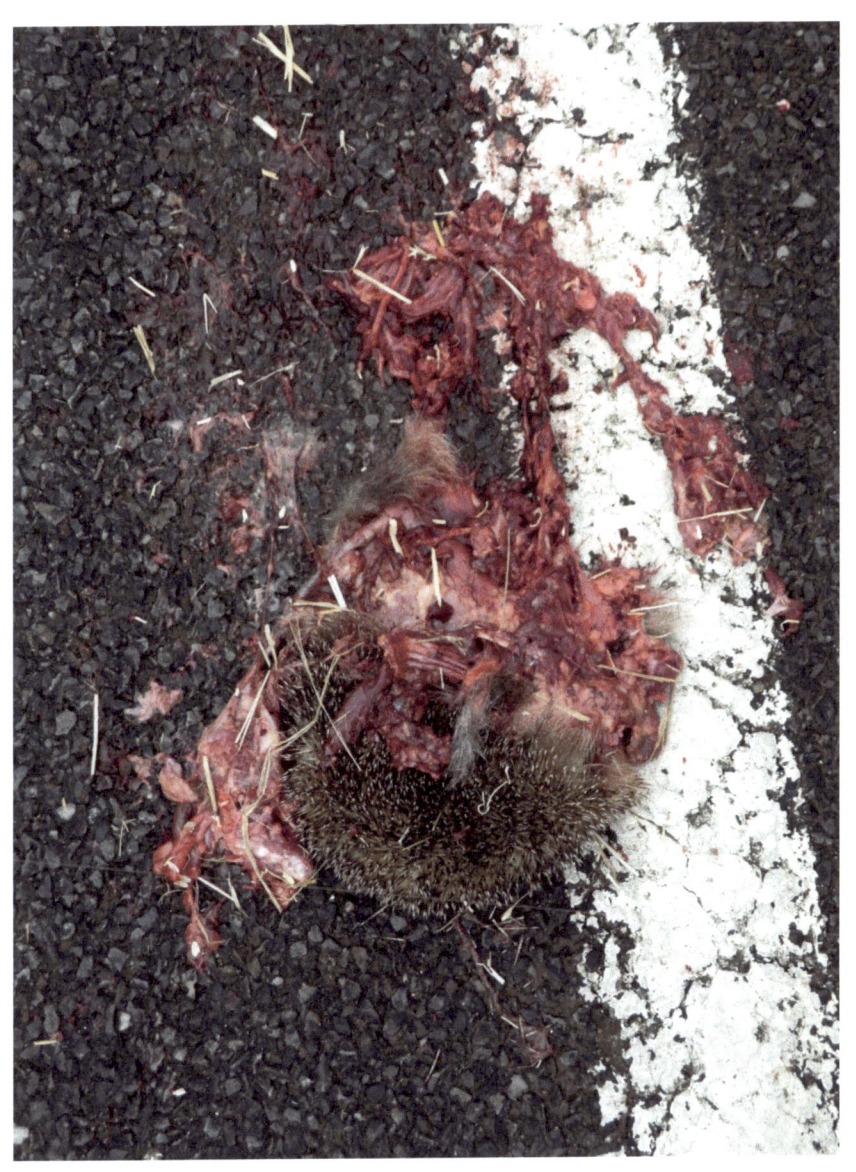

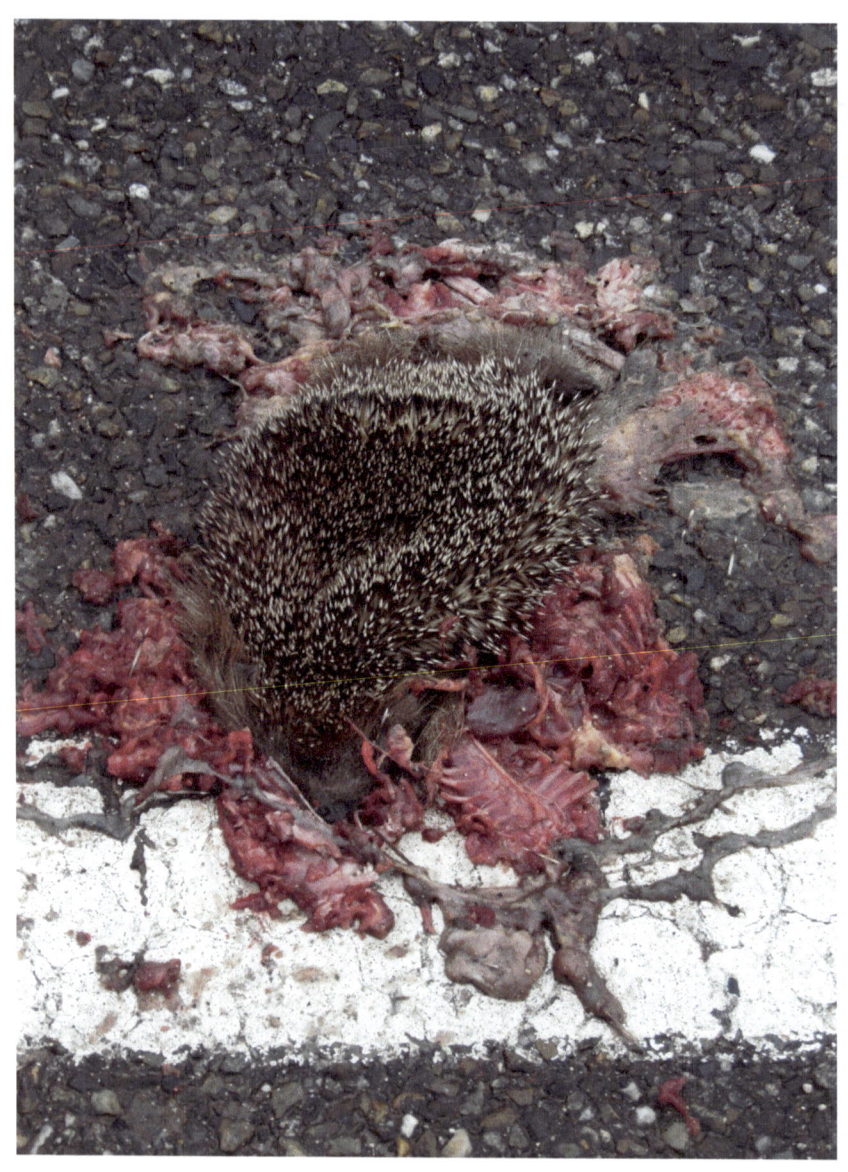

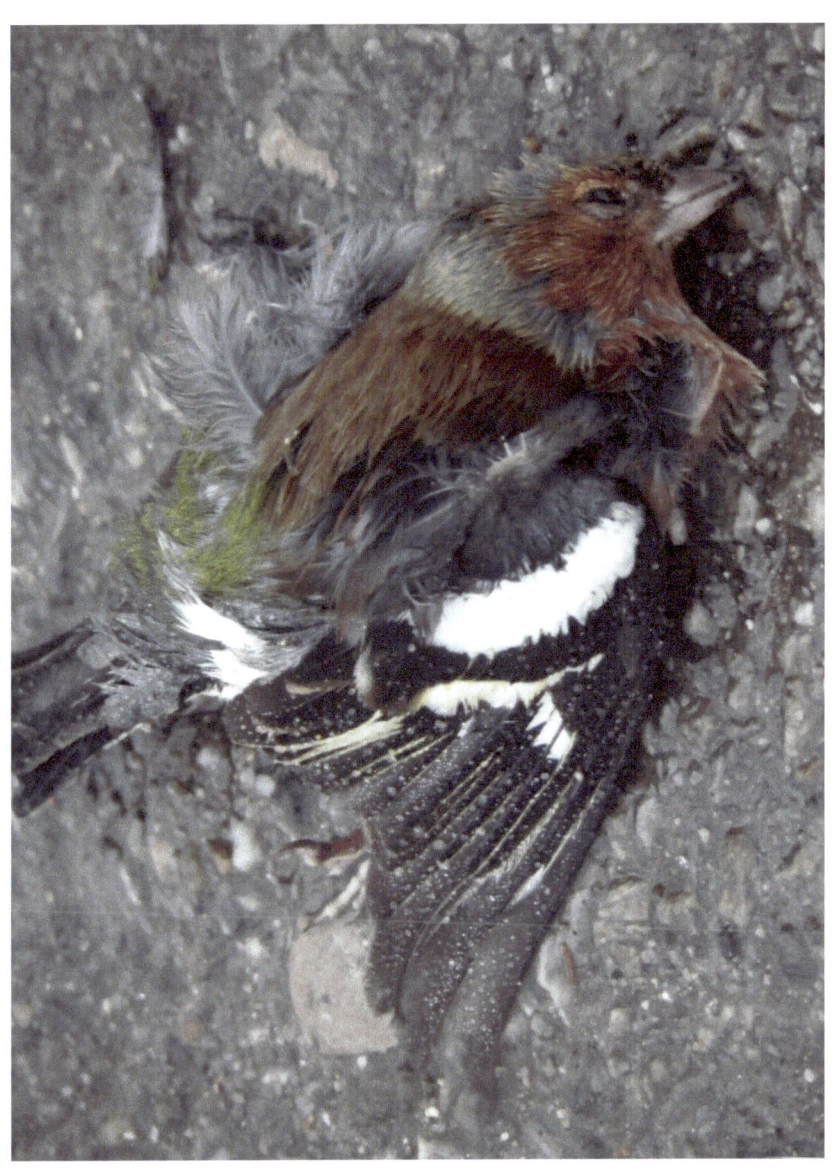

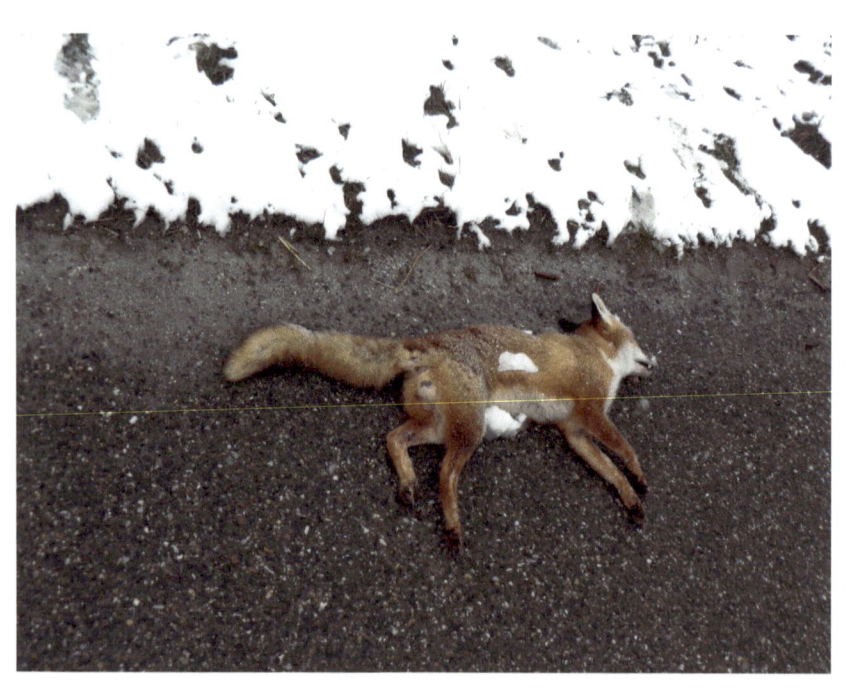

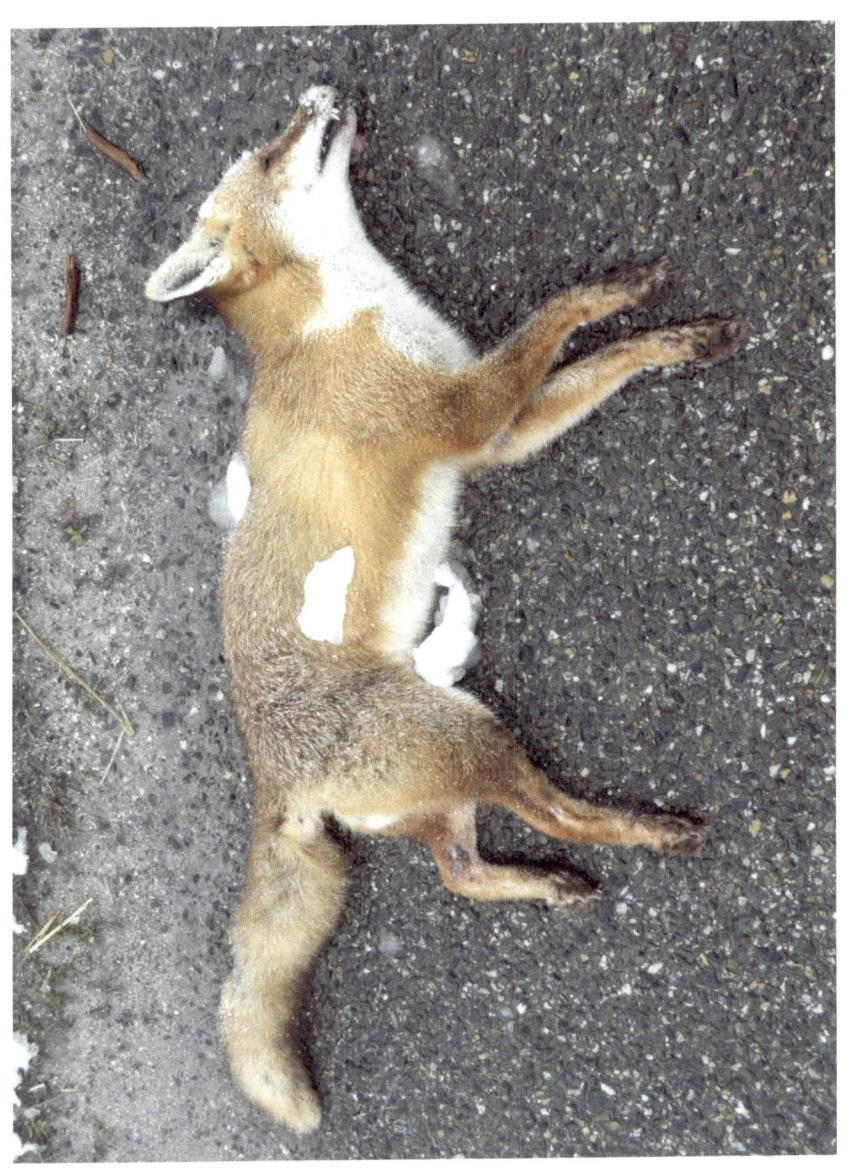

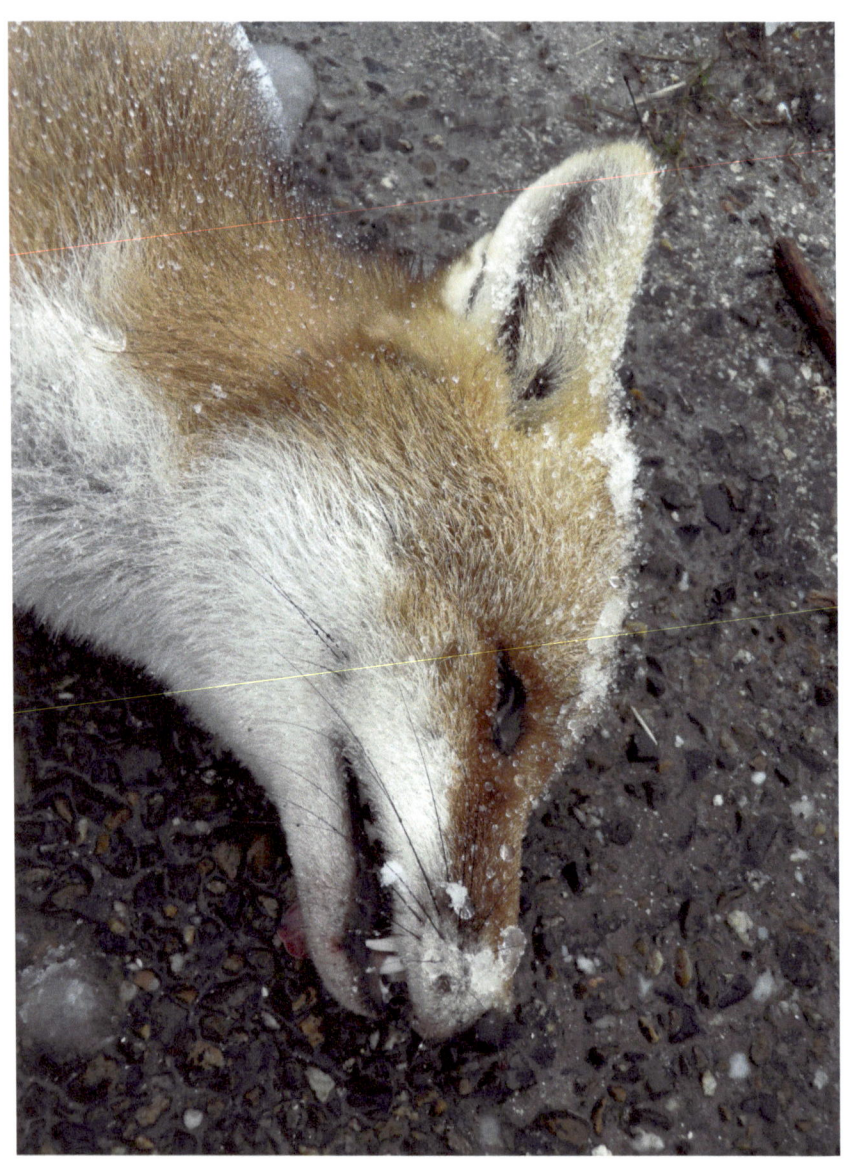

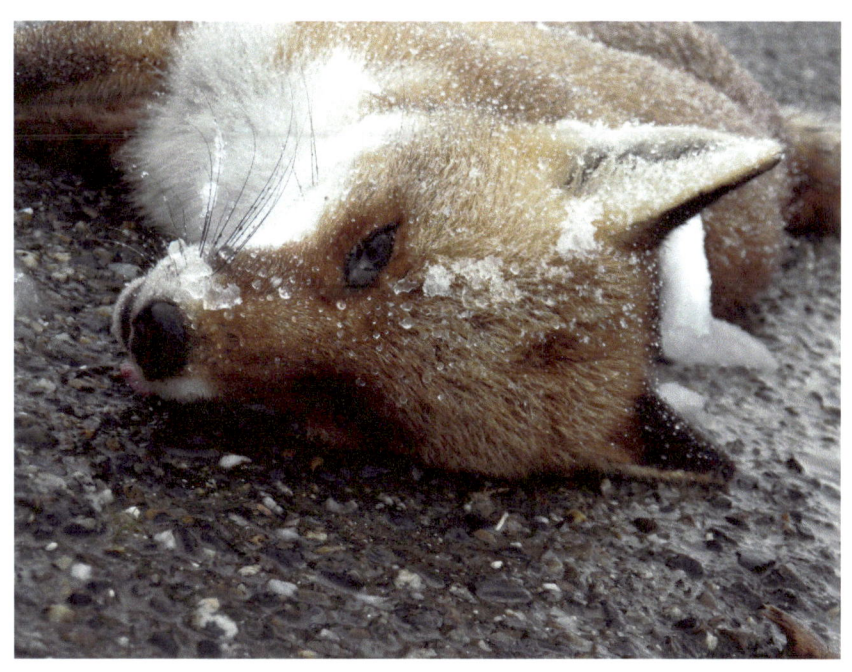

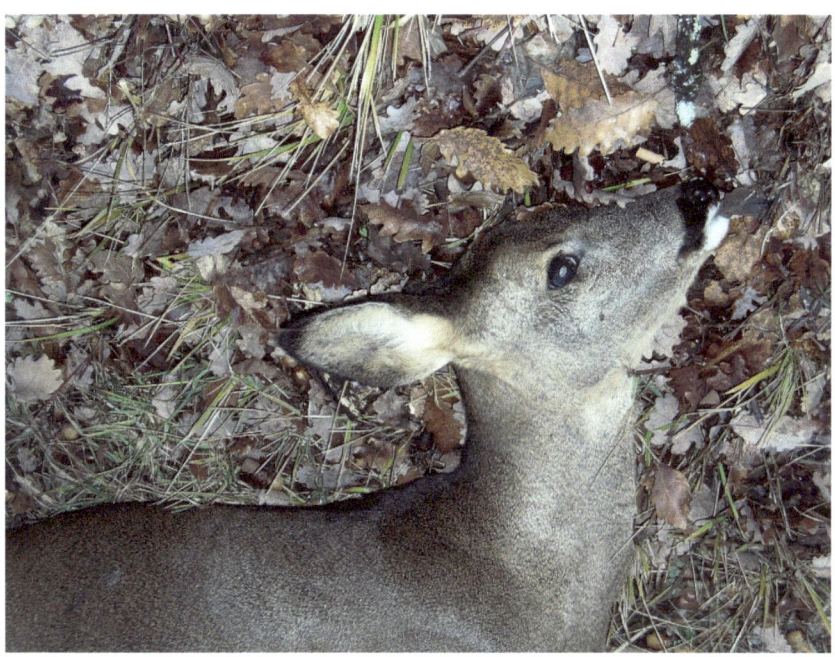

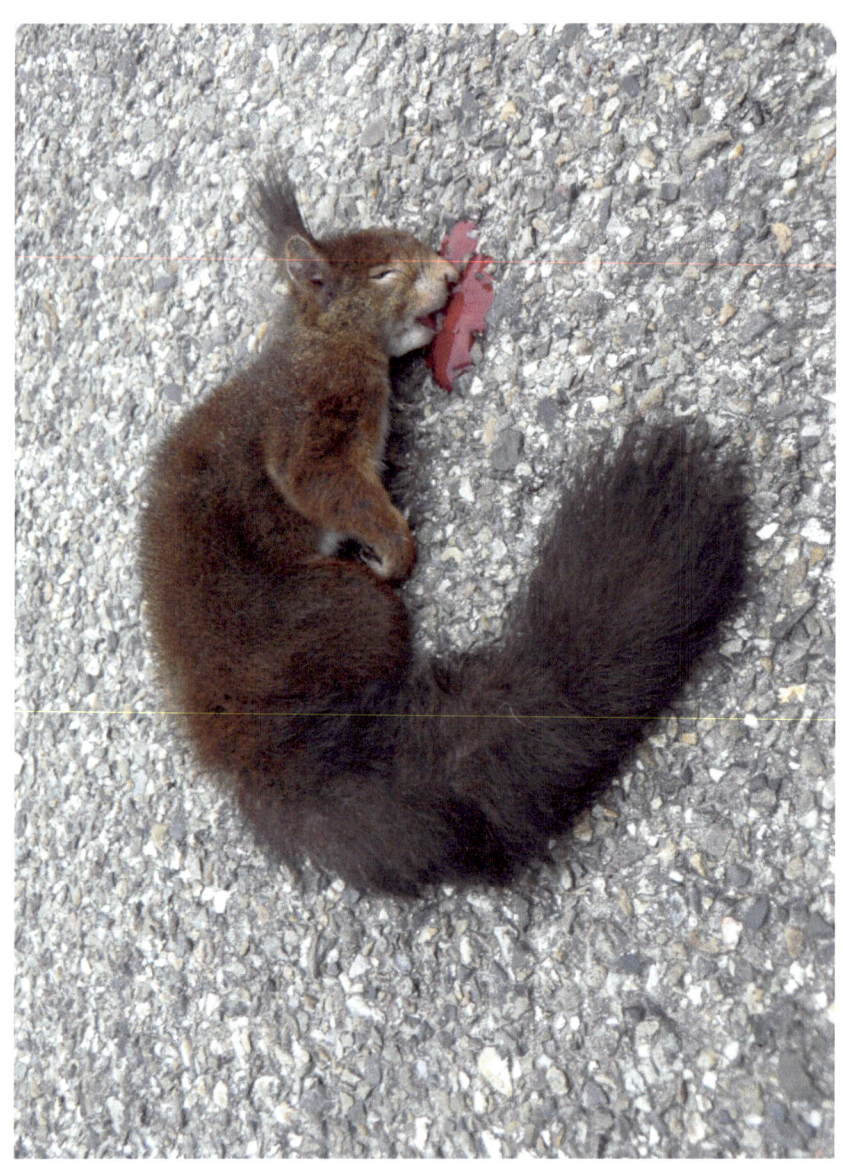

Le sixième roman

Un Amour béton

Sous le titre « *le sixième roman* », un long extrait gratuit de « *un Amour béton* » essaye d'obtenir un peu de visibilité sur Amazon, Itunes, La Fnac, Samsung Readers, Cultura, Chapitre, Kobo, Bookeen, iBookstore...

Ce roman perpétue mon engagement d'indépendance et comme les précédents n'a pas bénéficié du soutien des grands médias. Comme le déclara Alain Beuve-Méry, le petit-fils du fondateur du *Monde* où il couvre l'édition. « *Tout dépend de la maison d'édition dans laquelle vous êtes édité, et du travail fait en amont par les attachés de presse auprès des journalistes et des jurés littéraires.* » Dans ce même quotidien influent, Baptiste-Marrey écrivait « *les grands groupes publient, distribuent, vendent et font commenter favorablement les titres qu'ils produisent.* »

Vous proposer en lecture gratuite une grande partie du roman, c'est essayer d'obtenir un peu de visibilité. Etre éditeur indépendant en France, en 2013, reste très difficile. Les politiques (d'Aurélie Filippetti à Martin Malvy en passant par les autres) soutiennent les installés.

"*Un Amour béton*" : en acceptant le rôle peu glorieux du nègre de Kader Terns, le « *météorite du livre numérique, disparu dans d'affreuses circonstances* », je ne pouvais imaginer entrer dans la partie la plus mouvementée de ma vie...

Contrairement aux affirmations de leur inféodée devenue Ministre de la Culture, les éditeurs ne font pas la littérature mais du commerce. Avec le soutien des politiques (qu'ils éditent) et d'écrivains bien nourris, ils ont installé un système où tout indépendant est invisible. La révolution numérique constitue une possibilité historique de briser notre exploitation. L'indépendance est possible, elle est combattue...

Le sujet

Un roman policier, un roman d'amour, ce « *un Amour béton* » ?
Certes une intrigue policière, des morts, des meurtres, de la vengeance, des femmes, des hommes, des couples, des amants, des trahisons, Aubervilliers, le Quercy. Mais il s'agit d'un « véritable roman littéraire », bien plus exigeant que les textes habituellement classés en « romans policiers », qui plus est depuis la déferlante numérique...

Donc un roman susceptible d'intéresser un large public ou rester invisible faute de réel ancrage dans un genre précis ! Mon sixième roman, ès qualité d'écrivain toujours inconnu du grand public, indépendant par convictions depuis 1991.

Quatre ans après "*ils ne sont pas intervenus*", repéré en numérique sous le titre "*peut-être un roman autobiographique.*"

Vie, gloire et disparition d'un OVNI de la littérature française, Kader Terns.

Il faut l'oser, le terme "littérature", dans son cas. Mais il fut tellement employé ! Littérature numérique, postmoderne, brute, d'après le roman, de banlieue, de tablettes, décomposée, rappée, bloguée, néo-impressionniste, irrésumable, dans toute sa cruauté...

Après son "incroyable succès", le petit caïd du 9-3 était descendu dans le Lot pour m'y rencontrer. Je devais rédiger ses mémoires, statut peu glorieux du nègre. Il faut bien bouffer ! Surtout quand on vit avec une femme qui se croit obligée d'envoyer cinq cents euros par mois à Djibouti. "*Comment je avoir été meilleure vente Amazon Kindle*", il tenait absolument à ce titre.

Ni lui ni moi, lors de cet entretien banal et bâclé, n'aurions pu imaginer que nos vieilles pierres, nos sentiers et notre calme s'incrustaient en lui au point qu'il revienne y restaurer une ruine. Nadège, il l'avait piégée, elle l'a suivi...

Je n'ai rien d'un enquêteur et c'est uniquement par sentiment de vengeance (peu honorable, oui, d'accord...) si j'ai cherché une sombre histoire derrière un stupide accident.

Nadège et le fils de Carlo ont avoué. Quand débutera le "grand procès", les médias se jetteront sur l'affaire, qu'ils ignorent totalement. Pauvre Kader, déjà oublié, forcément remplacé. *"Il a suscité de nombreuses vocations..."*
C'est tellement inattendu, insoupçonnable. Pas une fuite, même dans leur *Dépêche du Midi*. Eu égard à mon décisif apport, l'inspecteur se croit tenu de m'informer, naturellement en off. Peut-être uniquement car sa résidence secondaire n'est qu'à douze kilomètres. Si je laissais tranquillement faire, j'aurais sûrement droit à une légion d'honneur, avec au moins Christiane Taubira à Montcuq, peut-être même François Hollande. L'état, même socialiste, a besoin de héros ! Surtout dans le sud-ouest ! Ils sont tous tellement impressionnés par mon sens de la justice... je n'allais quand même pas leur raconter comment Carlo a bousillé mes dernières illusions d'Amour en 2010...

Machine judiciaire et univers médiatique m'en voudront sûrement de les devancer, en balançant les clés qu'ils auraient pris tellement de plaisir à dévoiler au compte-gouttes. Je suis écrivain. Qui plus est j'ai besoin d'écrire, après deux années de blocages, en lecture comme écriture. J'ai besoin de publier, faute d'une bourse d'écriture de la région. À chacun son boulot, son exutoire, son combat. Je suis sûrement plus doué pour raconter ma vie que pour la vivre... Un Amour béton... Lequel ? Amina et moi ? Nadège et Kader ? 19 jours Nadège et moi avons également pensé posséder la formule magique…

Enfin, c'est ce que j'ai cru, à un moment, encore récemment, quand ce récit était quasiment achevé. Mais tout va si vite, parfois.

Il faudrait tout raturer ? Tout réécrire à chaque fois que la vie rééclaire le passé ? Comme les autres, je me suis laissé emporter…

Stéphane Ternoise
http://www.romancier.org

La charte de qualité de l'auteur indépendant

Il n'est même pas besoin d'exhiber quelques textes inutiles auto-édités pour dénigrer l'auto-édition, pratique accusée de mettre sur le marché les pires médiocrités agrémentées des fautes les plus élémentaires d'orthographe ou grammaire, parfois même avec un style d'élève en difficulté du CM1.

Il s'avère néanmoins sûrement exact que les livres vraiment auto-édités dans une démarche professionnelle (mon exclusion de "l'auto-édition réelle" des auteurs qui ne respectent pas un minimum la littérature a toujours dérangé les prétendues belles âmes du secteur pour qui « tout est littérature ») contiennent en moyenne plus de fautes que les livres des éditeurs "traditionnels".
Il ne s'agit pas forcément d'une question de qualité des auteurs mais de moyens. Même le passage par les correcteurs et correctrices professionnels ne permet pas de présenter des œuvres sans erreurs, qu'avant on appelait d'imprimerie. Mais depuis que l'imprimeur reprend un document PDF pour lancer l'impression, les éditeurs qui utilisent encore cet argument semblent miser sur la méconnaissance du grand public.
Monsieur Antoine Gallimard n'a pourtant pas de leçons de qualité à nous donner : la communauté des pirates du livre numérique s'était amusée à corriger l'ebook d'Alexi Jenni, *l'art français de la guerre*, prix Goncourt 2011. Après l'hypothèse de l'utilisation du document PDF imprimeur, mouliné par un logiciel de reconnaissance graphique pour fabriquer la version numérique, des lecteurs de la version papier ont informé le web que ces coquilles se trouvaient également dans leur épais bouquin.
La faculté de corriger rapidement sur l'ensemble du circuit de distribution un ebook constitue un avantage dont la portée ne semble guère avoir été analysée. Dans cette optique, j'ai décidé de récompenser les lectrices et lecteurs qui ne se contentent pas d'une moue de déception face aux erreurs mais les communiquent, en leur offrant un livre de leur choix du catalogue,

trois formats disponibles (epub, pdf, amazon). Seule restriction, pour une question de taille des fichiers et vitesse de connexion à Internet d'un écrivain vivant à la campagne, ne pourront être envoyés que des ebooks dont la taille n'excédera pas cinq mégas, ce qui exclut les livres de photos (sauf ceux dont le PDF reste juste en dessous de la limite possible).

Naturellement, il ne vous faut pas réclamer ce livre ni envoyer les fautes constatées (réelles ! et non les choix comme mettre au pluriel un terme habituellement invariable ou reprendre une lettre d'un personnage dont les fautes d'orthographe constituent justement une caractéristique, ou même une libre violation des temps conseillés de conjugaison !) sur la plateforme d'achat mais à la page contact de www.ecrivain.pro en spécifiant le livre de votre choix, qui vous sera envoyé par mail après vérification des informations transmises.

Fautes réelles découvertes : un livre offert, l'engagement qualité de l'auto-édition.

Cette offre s'étend à l'ensemble de mon catalogue.

Stéphane Ternoise

À 25 ans, Stéphane Ternoise a quitté le confortable statut de cadre en informatique (qui plus est dans le douillet secteur des assurances), pour se confronter à son époque, essayer de vivre de sa plume en toute indépendance. Il redoutait de finir pantin d'un grand groupe où même les maisons historiques peuvent se retrouver avec Jean-Marie Messier ou Arnaud Lagardère comme grand patron.
Stéphane Ternoise est auteur-éditeur depuis 1991, devenu spécialiste de l'auto-édition professionnelle en France. Il créa « logiquement » http://www.auto-edition.com en l'an 2000, une activité alors quasi absente du web !
Son éclairage sur l'univers de l'édition française a rapidement suscité quelques difficultés, dont une assignation au Tribunal de Grande Instance de Paris, en juin 2007, par une société pratiquant le compte d'auteur, finalement déboutée en septembre 2009.

Dans un relatif anonymat, avant la Révolution Numérique, l'auteur lotois a néanmoins réussi à publier 14 livres en papier, à continuer en vivant de peu. Depuis 2005, ses livres étaient également en vente, marginale, en version numérique. Il s'agissait d'abord de simples PDF.
L'auteur-éditeur a consacré l'année 2011 à la réalisation de son catalogue numérique, publiant ainsi ses pièces de théâtre, sketchs et textes de chansons en plus des romans, essais et recueils adaptés aux formats epub et Mobipocket Kindle...

La multiplication des questions et l'information approximative balancée sur de nombreux blogs par de néo-spécialistes de l'auto-édition autopublication, l'ont décidé à écrire sur cette révolution de l'ebook. Le guide l'auto-édition numérique est ainsi devenu son web best-seller !

Depuis octobre 2013, et son « identifiant fiscal aux États-Unis », son catalogue papier tend à rattraper celui en pixels.

Il convient donc de nouveau d'aborder l'auteur sous le biais de l'œuvre. Ainsi, pour vous y retrouver, http://www.ecrivain.pro essaye de fournir une vue globale. Et chaque domaine bénéficie de sites au nom approprié :

http://www.romancier.org
http://www.parolier.org

http://www.essayiste.net

http://www.dramaturge.fr
http://www.lotois.fr

Vous pouvez légitimement vous demander pourquoi un auteur avec un tel catalogue ne bénéficie d'aucune visibilité dans les médias traditionnels. L'écriture est une chose, se faire des amis utiles une autre !

Mentions légales

Tous droits de traduction, de reproduction, d'utilisation, d'interprétation et d'adaptation réservés pour tous pays, pour toutes planètes, pour tous univers.

Site officiel : http://www.ecrivain.pro

Ebooks distribués sur la quasi totalité des plateformes numériques.

Une offre spéciale avec les cinq premiers romans :
http://www.9euros99.net

Présentation des livres essentiels :
http://www.utopie.pro

Dépôt légal : 4 juin 2013

Imprimé par CreateSpace, An Amazon.com Company pour le compte de l'auteur-éditeur indépendant.
livrepapier.com

ISBN 978-2-36541-674-0
EAN 9782365416740
Interdire les voitures ? Le syndicat des animaux l'exige (Photos d'art trash versant animaux) **de Stéphane Ternoise**
© **Jean-Luc PETIT - BP 17 - 46800 Montcuq - France**